POEMAS DE UNA REALIDAD COMPARTIDA

ediciones
cinca

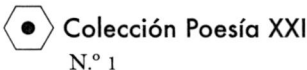

Colección Poesía XXI
N.º 1

1.ª edición: diciembre de 2023

DISEÑO DE LA COLECCIÓN:
Juan Vidaurre

PRODUCCIÓN EDITORIAL,
COORDINACIÓN TÉCNICA
E IMPRESIÓN:
Grupo Editorial Cinca
C/ General Ibáñez Íbero, 5 A
28003 Madrid
Tel.: 91 553 22 72
grupoeditorial@edicionescinca.com
www.edicionescinca.com

DEPÓSITO LEGAL: M-33755-2023
ISBN: 978-84-18433-95-5

Colección Poesía XXI

Luis Pérez Capitán

POEMAS DE UNA
REALIDAD COMPARTIDA

ediciones
cinca

Esta breve selección de versos corresponde a un periodo largo de tiempo. No están todos, solo aquellos que se identifican con una mirada interior concreta que al lector corresponde, si le apetece entrar en el juego, identificar. Comparto con ellos una porción, no sé si importante, pero sí intima e intensa de mí mismo. Espero que aquel que se acerque a estos textos los disfrute; poco más puede decirse.

Índice

Yo

Me he visto en el espejo y he reflexionado.

¿Soy ese?

Ese viejo de grandes ojeras,

De párpados semicerrados,

De aspecto cansado,

He girado mi cabeza

No.

No le conozco.

Yo soy un joven moreno y amable,

Que sonríe soñador

Entre las luces de la noche.

EN EL NORTE

I

Estoy entre hombres dotados de plumas,

Extendiendo mis lágrimas sobre un cielo oscuro.

Dicen que es aquí,

Donde el tiempo es una luz cuadriculada,

Una reja,

Visible sólo a través de su sombra

Si me asomo a la ventana,

Veo

Reflejos dispersos,

Un sencillo poste metálico,

Acompañado de los crics-cracs de las persianas al bajarse,

Como se cierran esas persianas,

Así va finalizando mi vida.

II

Por un instante,

No existe este pesado capote oscuro,

Por un momento,

Tu amargor sobresalta mis pupilas,

Tregua,

En tu memoria, en mi recuerdo

En el torpe repiqueteo de la lluvia

Sobre el alféizar de la ventana,

En esa pared que se cae a pedazos,

En ese frío que emponzoña el mañana.

III

Aquí no hay remisión, ni esperanza,

Aquí,

El musgo roe las aceras,

Destilando un líquido parduzco

Que se introduce en el alma,

Que cae día a día,

Sin concesión, ni gracia.

Porque aquí,

Las palomas se incrustan en un cielo gris

Con sus alas abiertas en un último vuelo.

IV

La lluvia te pudre el alma,

Te la deja como un trapo,

Húmeda y vieja.

Ni siquiera te hincha como una esponja.

Y, así,

Llenar esa sensación de vacío.

Aquí la lluvia te deshace.

Cada gota

Se lleva un jirón de tu memoria.

En el norte,

La lluvia,

Sombra y tierra,

Diluye el tiempo

Despacio,

Quedamente,

Para que no olvides lo que es perderlo.

V

Es una tarde de enero,

Una de esas claras y frías de mi ciudad.

Recostado,

Sobre la cama,

Recuerdo

Los dulces días de plata,

Suaves ocasos

En un prístino azul,

Edades de sueño, mar y sal.

Ahora que el céfiro no juega ya con mi pelo.

Tranquilo,

Sin nostalgia,

Me dices

Que tu alma está varada

Que el ayer ya no ensordece tu memoria.

Recuerdo

Los limpios días de plata.

SALVAJES EN LA MAÑANA

I

El mundo está lleno de muertos conocidos.

En el espejo,

No veo solo mi imagen.

Junto a ella,

Se reflejan

Gestos, sonrisas, miradas de otros.

No me preocupan las muertes que me imponen,

Aquellas que no conozco,

No las distingo.

Sí,

Recuerdo

A Alejandro, Rafael, Joserra.

Mis muertos,

Ni siquiera son sombras,

Solo pequeños gestos.

Y vuelven

Ahora

Sin pedir permiso.

Me acompañan,

Mientras me afeito o lavo mi cara.

Y la verdad,

No puedo evitar una sonrisa de afecto

Porque

Estoy rodeado de muertos.

Amigos sinceros

Que sufren y sonríen.

No me importan los vivos,

Solo ellos acompañan mi paseo.

II

Estoy dejándome llevar por el susurro de la máquina.

Mi mirada se posa repetidamente

En las suaves formas

De las piernas de la mujer que está a mi lado.

Ella lee *Cien años de soledad,*

Cuánto tiempo ha pasado sin ese libro

Y qué poco lo echo de menos.

Hace tiempo que no leo nada.

Hace tiempo

Que las páginas escritas por otro me aburren.

Tal vez el recuerdo de Rimbaud,

No de su obra, sí de su decisión.

Tengo ansiedad

Por frotar mi cuerpo contra el suyo.

Con displicencia, consulta su reloj.

No importa.

Su cuerpo se agita,

Produce un extraño y nervioso movimiento repetitivo.

Bajo mi corbata,

Bajo mi traje,

Bajo mi olor a colonia cara,

Solo el sudor del animal que se desliza.

III

Me pides,

Querida amiga,

Un poema,

Un conjunto de palabras sin forma,

Un pálido reflejo de lo que no existe.

Aceite y poesía,

Extraña petición para unos ojos oscuros.

Tal vez una caricia,

Un silencio,

El simple roce de mis dedos,

Sea el único poema que pueda ofrecerte.

IV

Ando despacio,

Mi reflejo aparece entre orgulloso gris y acero.

Alrededor, entre el calor,

Cientos de sombras de viajeros van y vienen.

Los observo.

Me dicen tantas cosas, tantas historias.

La acera exuda,

El calor completa mi cuerpo,

Me integro en el todo

Unido a los que pasan.

Los contemplo.

Son mis hermanos, mis padres, mis madres,

Mis hijos e hijas.

Hoy soy ellos.

V

En la ciudad,

La muerte no existe.

Somos uno.

Tu presencia me completa,

Mi mirada se cierra.

A veces, me pregunto

Si veré de nuevo ese azul tan brillante.

VI

La sonrisa salvaje de esa mujer,

Sus pechos sujetos,

Sin tocarlos, los poseo.

Me deslizo entre las gotas de su deseo,

Determino la calidad de su frescura

A través de la tibieza de su líquido.

VII

Cincuenta años, seis en cincuenta años

Y no es nada.

Solo el ayer de la sonrisa,

Solo el presente de vuestra permanencia.

Estoy aquí, inmerso en vosotros,

Diversos seis sobre cincuenta

Y la alegría me inunda la cara

Como luego el vino llenará mi esencia.

Porque somos seis sobre cincuenta

Y el alma se agranda en lo que juntos nos queda.

VIII

Un resto de sueño en los ojos.

Su dormir

Como el de una playa tranquila,

Suave, seguro

Porque su pureza es insondable.

Sosegada, limpia, hermosa,

De oscuro contacto,

Mi frente perlada, mis manos hambrientas,

Y me voy,

Por una vez sereno,

Por una vez enfermo.

Enfermo de su belleza,

Sereno por su calma,

Preparado para un nuevo día sin ella.

IX

A veces solo, a veces sin fuerza,

Pisas un charco y ni agua que vuela.

Pero sigue la brisa

Y tu pelo aún ondea

Sobre tus hombros, sobre mi cabeza.

No hay soledad conmigo para ti, niño mío.

Pasarán los años,

Cien vidas hubiera,

Y mi mano seguirá acariciando tu belleza.

X

Es tan difícil

Ser uno,

Compartir,

Darte al otro y que lo entienda,

Ser.

Tal vez estemos destinados a navegar solos,

Sólo un breve encuentro entre náufragos.

Una ligera caricia

Para luego,

Sentir el dolor del recuerdo,

Del alejamiento,

La inutilidad del esfuerzo,

La nada en el estómago,

El vacío del corazón.

Estoy cansado

De intentarlo,

De vaciarme,

De echar cubos de mi vida en un sumidero,

Sin sentido,

Con pura sorpresa,

Sin comprender,

Sin entender,

Sólo adivinando señales de derrota.

XI

En los momentos de zozobra,

En aquellos en los que te sientes solo,

Sin rumbo.

En esos,

Es cuando eres un hombre,

Cuando te sobrepones a la injusticia,

Cuando remontas la maldad.

XII

Cuando me asomo a la ventana,

Compruebo

Que hay algunas ventanas con luces,

Sombras difusas.

Solo siento vacío,

Por lo que soy,

Por lo que pude haber sido.

XIII

Cualquier sitio,

Bajo el mar,

Donde apilo mis libros.

En el lugar donde enterré mis recuerdos,

Solo quiero oler tu cabello.

Cualquier sitio

A tu lado.

XIV

En las postrimerías del verano,

En el alba del otoño,

Camino.

Camino pegado a la tierra

Al rumor del agua

Al ligero sonido de las piedras.

Pero, sobre todo,

Pegado a tu recuerdo.

Sendero verde y ocre,

Donde las hojas se deshacen

Con el requiebro de mis pasos.

XV

Siento que he vivido tantas vidas.

De algunas de ellas, no me acuerdo.

De otras, me sorprendo.

Los recuerdos corren ligeros,

No intento atraparlos.

Pienso.

Se escapan y vuelven.

Son viejos amigos,

No me dan tristeza.

Son como un pequeño regalo que me da la mañana

Y algún atardecer luminoso…

FAMILIA

I

Hoy he visto una fotografía de García Lorca

Joven

Con el pelo azabache y ondulado.

Mi padre se parecía al poeta

Más alto, igual de delgado que en la foto.

Mi Padre no es/era poeta.

No le oía despertarse

Cuando se dirigía

Temprano

Al trabajo.

No veía su rostro fatigado por la noche.

No sé por qué me ha recordado a mi padre esta fotografía.

Mi padre no escribió versos,

No murió al amanecer en Granada.

II

En tus ojos verdes,

En tu mirada de gata traviesa

Está la vida que no he vivido,

Pero que contigo viviré.

Mi niña,

Loco remolino de viento,

Que gira,

Que vuela,

Que sube y que baja.

Vendaval sin parar, porción de amor y fuego.

Que nada te desespere,

Que nada te hiera.

Ante ti, todo se abre,

Sin ti, todo se cierra.

Sé feliz,

Hija mía,

Disfruta sin prisa,

Con calma.

Tanto amor te rodea,

Que llorar no merece la pena.

III

Hay un guau-guau en el cielo.

Nube blanca que te sonríe

Porque eres mi vida

Y esperanza

Porque me gusta verte crecer

Y escuchar la sonrisa de tus ojos.

IV

El círculo se cierra.

Me cuesta escribir de ti,

Tal vez la más importante,

La que me acompaña en mis angustias más profundas

En el horror indecible a la muerte.

Madre.